MUNICIPALITÉ DE CONSTANTINE

RAPPORT

DE LA

COMMISSION D'INSTRUCTION PUBLIQUE

AU

CONSEIL MUNICIPAL

DE CONSTANTINE

AU SUJET DE LA RÉORGANISATION DES ÉCOLES PRIMAIRES
DE CETTE VILLE

CONSTANTINE
TYPOGRAPHIE L. ARNOLET
RUE DU PALAIS
—
1871

RAPPORT

DE

LA COMMISSION D'INSTRUCTION PUBLIQUE

AU CONSEIL MUNICIPAL

DE CONSTANTINE

AU SUJET DE LA RÉORGANISATION DES ÉCOLES PRIMAIRES DE CETTE VILLE

MUNICIPALITÉ DE CONSTANTINE

RAPPORT

DE LA

COMMISSION D'INSTRUCTION PUBLIQUE

AU

CONSEIL MUNICIPAL

DE CONSTANTINE

AU SUJET DE LA RÉORGANISATION DES ÉCOLES PRIMAIRES
DE CETTE VILLE

CONSTANTINE
TYPOGRAPHIE L. ARNOLET
RUE DU PALAIS
—
1871

MUNICIPALITÉ DE CONSTANTINE

RAPPORT

DE LA COMMISSION D'INSTRUCTION PUBLIQUE

AU

CONSEIL MUNICIPAL DE CONSTANTINE

AU SUJET DE LA RÉORGANISATION DES ÉCOLES PRIMAIRES DE CETTE VILLE

Depuis longtemps déjà, l'Administration municipale de Constantine se préoccupe des inconvénients multiples qu'entraîne son enseignement primaire divisé par écoles de sectes religieuses. Chaque année, à la discussion du budget communal, M. le Maire signale à son Conseil ce que cet état de chose a d'irrationnel et promet de mettre la question à l'étude pour la résoudre dans le sens de la fusion, sans que, jusqu'à ce jour, rien n'ait encore été tenté dans ce but.

La transformation de nos institutions politiques vient de donner un caractère tout particulier d'urgence à cette question, en posant celle de la suppression de l'enseignement donné par les congrégations religieuses pour le remplacer par l'enseignement laïque.

Beaucoup de villes de France et la plupart de celles de l'Algérie ont devancé Constantine dans la voie de réforme radicale réclamée par l'opinion publique, en prononçant la suppression de l'enseignement clérical après des débats rendus publics, et que tout le monde a suivis avec intérêt. La tâche de votre Commission se trouve ainsi considérablement réduite, car il lui paraît superflu de reprendre, un à un, les arguments fournis dans les plaidoyers plus ou moins éloquents des partisans des divers systèmes pour les soutenir ou les combattre de nouveau.

Votre opinion a dû être éclairée par les débats auxquels les nombreux écrits sur la matière, récemment éclos à la publicité, ont donné lieu, et nous croyons être l'organe du sentiment général, en disant à notre tour et sans plus longs développements : *Fusion des diverses communions religieuses dans une organisation exclusivement laïque des écoles primaires, et, conséquemment, suppression de l'enseignement congréganiste pour les deux sexes.*

Notre conclusion ainsi formulée, il nous reste à examiner les voies et moyens de réaliser cette grande transformation sans entraîner la Commune dans des dépenses que sa situation financière lui interdit.

Constantine possède six écoles primaires de garçons et quatre écoles de filles. Le département lui a, en outre, fait remise il y a deux ans, de l'école arabe-française et de celle des filles musulmanes. Nous allons successivement les passer en revue pour établir l'état actuel de l'enseignement primaire et déterminer ensuite les modifications à y apporter.

ÉCOLES DES GARÇONS

1º ÉCOLE DES FRÈRES. — Elle est installée dans un bâtiment communal vaste et bien approprié à son but. Quatre classes suffisamment grandes pour contenir chacune soixante élèves environ, occupent la partie gauche du bâtiment. La droite est absorbée par la chapelle et le réfectoire et l'étage supérieur sert de logement aux frères.

Le contrôle de l'école porte deux cent cinquante-six élèves instruits par six frères, y compris le frère supérieur. Elle figure au budget pour 5.500

Il faut ajouter à ce chiffre la valeur approximative du loyer qui ne figure point au budget, l'édifice étant communal. 5.000

          Total. 10.500

2o ÉCOLE COMMUNALE LAÏQUE. — Comme la précédente, elle occupe un édifice communal, renfermant trois classes et le logement de l'instituteur qui pourrait en former une quatrième. Les contrôles indiquent cent vingt élèves; elle possède un instituteur et deux maîtres-adjoints et figure au budget pour la somme de. 6.000

Comme à la précédente, il faut ajouter à cette dépense la valeur locative. . .   3.000

          Total. 9.000

3o ÉCOLE PROTESTANTE DE GARÇONS. — Elle est située à l'angle de la rue Madier, dans la maison Truc; ce local est assez vaste mais un peu humide; cinquante-quatre élèves la fréquentent;

dans ce nombre figure quelques musulmans et israélites, ainsi que des catholiques, soumis, sans inconvénients, aux mêmes exercices d'enseignements.

L'instituteur réclame un élève-maître qui lui permettrait de consacrer plus de temps à l'instruction supérieure des élèves avancés.

Cette école coûte à la ville.	2.250
Loyer de l'école	900
Loyer de l'instituteur	400
Total.	3.550

4º ÉCOLE ISRAÉLITE (dirigée par M. Weil). — Elle est attenante à la synagogue, dans un bâtiment communal beaucoup trop exigu vu son importance, car elle est fréquentée par deux cent huit élèves qui, lorqu'ils sont tous présents, ne trouvent place qu'en envahissant la cour de la synagogue. Elle est dirigée par un instituteur, un maître-adjoint français et un maître-adjoint indigène.

La dépense budgétaire est de. . . .	5.000
Même observation pour la valeur approximative de son loyer, estimé à..	1.000
Total.	6,000

ÉCOLE ISRAÉLITE (dite du Talmud). — Elle occupe la maison Rancoule, à l'extrémité de la rue de France; son unique classe est destinée à cent cinquante-quatre élèves, sous la direction d'un maître et d'un sous-maître. Elle coûte.   3.100

Loyer du local. 1 000
Loyer du maître.   400

Total. 4.500

5° ÉCOLE DU FAUBOURG. — Beau local divisé en deux pièces formant deux classes contigües ; son contrôle indique cent dix élèves, sous la direction d'un maître et d'un sous-maître.

Son budget est de. 3.750
Loyer de l'école (trop élevé). . . .   1.400
Loyer du maître.   400

Total. 5 550

ÉCOLE ARABE-FRANÇAISE. — Les contrôles indiquent cent dix élèves, dirigés par un maître et un sous-maître.

Son budget (18.000 fr.) qui se trouve confondu avec celui de l'école des filles musulmanes, dont nous parlerons plus loin, est fourni par le budget départemental.

RÉCAPITULATION

	Maîtres.	Adjoints.	Élèves.	Dépenses
1º ÉCOLE DES FRÈRES..	1	5	256	10.500
2º ID. LAÏQUE.......	1	2	120	9.000
3º ID. PROTESTANTE..	1	»	54	3 550
4º ID. WEIL........	1	3	208	6.000
5º ID. DU TALMUD...	1	1	154	4.500
6º ID. DU FAUBOURG.	1	1	110	5.550
TOTAUX...	6	12	902	39.100

Le chiffre de neuf cent deux élèves qui est celui des contrôles est loin de représenter la population réelle fréquentant les écoles ; nous avons constaté dans notre visite et les instituteurs nous ont confirmé, qu'il devait être réduit d'un huitième environ, à cause des fréquentes absences des enfants. Il faut aussi retrancher, pour des raisons qui seront déduites ci-après, le chiffre des élèves du faubourg, soit, cent dix. Enfin, il est supposable que les frères supprimés élèveront une école libre qui se peuplera d'élèves enlevés aux écoles communales et qu'on peut élever approximativement au nombre de cent.

En retranchant ces divers chiffres de celui de neuf cent deux, nombre total des élèves, on obtient cinq cent soixante-dix-neuf ; en chiffres ronds six cents élèves. Nous proposons de diviser en dix classes de soixante élèves chacune, sans distinction d'origine ou de secte, selon leur degré d'instruction reconnue et déterminée par une Commission formée d'instituteurs et de conseillers municipaux.

Ces dix classes seraient réparties ainsi qu'il suit : six dans le bâtiment des frères, quatre existent déjà ; les deux autres trouveraient place, l'une au rez-de-chaussée, dans le réfectoire des frères et la chapelle, l'autre au premier étage où il resterait encore le logement d'un instituteur.

Quatre dans le bâtiment de l'école laïque actuelle, qui en renferme trois en ce moment, la quatrième absorberait le logement du directeur qui pourrait être transporté dans le local des frères.

Nous mettons l'école du faubourg en dehors de ce calcul, parce que sa situation ne permet pas de la diviser selon les principes que nous venons de déterminer et qui lui enlèverait le bénéfice de sa localisation.

Voyons à présent, ce que coûterait cette organisation :

Dans chacune des six premières classes, destinées aux élèves les plus forts, nous mettrons un maître que nous nommerons de première division, à 2.000 fr. d'appointements et 500 fr. d'indemnité de logement, soit 15 000

Dans chacune nous mettrons aussi un élève-maître ou moniteur, avec 300 à 600 fr. de traitement, soit . . 3.600

Les quatre dernières classes, destinées aux jeunes enfants, auront chacune un maître de deuxième division à 1.500 fr., avec 400 fr. d'indemnité de logement, soit 7.600

Un élève-maître adjoint à chacune des quatre classes, avec 300 à 600 fr. par an, soit. 2.400

Entretien et chauffage des dix écoles. 3.000

Loyer approximatif du bâtiment de l'école des frères 5.000

Loyer approximatif du bâtiment de l'école laïque actuelle. 3.000

École du faubourg. 5.550
                                    ———
                                    45.150

Il y aura lieu de déduire de cette somme, 46.350 fr. par la suite, à la   ————

A reporter . . . 45.150

Report...   45.150

résiliation des baux, les loyers des écoles
supprimées :

École protestante.   900

École israélite (ancien Talmud). 1.000

École Weil, approximati-
vement. 1.000   3.400

École du faubourg (il y a
lieu de faire réduire sa location beaucoup trop élevée ou
de changer de local). . . . .   »

L'indemnité de logement
de M. Paradis   500

Total. 41.750

Ce plan d'organisation entraînerait donc une
augmentation de dépense sur l'ancienne organisation correspondante de 2.050 fr.

Elle est occasionnée par :

1o L'indemnité de logement de 400 fr. allouée
aux quatre maîtres de la deuxième division
(anciens sous-maîtres) et qui porterait leur traite-

ment à 1.900 fr., ce qui nous paraît de toute
justice 1.600

   2º Indemnité de logement à M. Weil,
(école supprimée).   500

   3º Différence de traitement des
quatre maîtres de deuxième division à
celui des frères qui les représentent dans
l'ancienne organisation   450

            Total égal. . .   2.550

   Remarquez que la somme de 41.750 fr. ne sera
pas celle qui devra être inscrite au budget ; il faut
en retrancher celle approximative du loyer des deux
édifices communaux affectés à cet usage, soit :
5.000 et 3.000, égal 8.000 fr., que nous n'avons
introduits dans nos calculs que pour nous rendre
compte de la dépense totale exacte faite par la
commune pour son enseignement primaire.

   Ainsi donc, les prévisions budgétaires devraient
être pour les écoles communales de garçons, de
33.650 fr.

   L'économie du projet que nous avons l'honneur
de présenter à votre appréciation, repose sur ce
principe, qu'un maître aidé d'un élève-maître peut
diriger sans surcharge, une école de soixante

élèves ayant tous à peu près le même degré d'instruction. Il n'en est pas de même avec l'ancienne organisation qui réunit, dans la même classe, des élèves de tous les âges et à tous les degrés d'instruction. Les plus jeunes et les moins avancés sont alors forcément négligés et sacrifiés.

Nous entendons par élèves-maîtres, des jeunes gens qui se forment dans les écoles et feront de zélés sous-maîtres moyennant la modeste rétribution de 300 à 600 fr. par an, qui les attachera longtemps aux écoles en leur donnant le goût de l'enseignement.

Nous proposons des maîtres de la première division pour les six premières écoles qui réuniront les élèves d'une certaine force. Elles trouveront, toutes, place dans le bâtiment des frères.

Les quatre autres classes, formées des plus jeunes enfants, auront des maîtres de la deuxième division (anciens sous-maîtres), avec une rétribution mieux proportionnée.

Quelques doutes pourraient s'élever sur la possibilité de la fusion des diverses sectes, dans nos écoles, mais, dès l'instant que nous adoptons, en principe, la séparation absolue de l'enseignement proprement dit, de l'instruction religieuse, qui retournera naturellement aux ministres des divers cultes, à la diligence des parents, ils doivent se dissiper. Au reste, l'expérience n'est plus à faire, elle a été résolue victorieusement à **Guelma, Bougie, Oran, Mostaganem** et dans d'autres localités où existent des écoles mixtes en pleine voie de prospérité.

Remarquez aussi, Messieurs, qu'il n'y aura rien de changé aux études actuelles, puisque le programme académique est en application dans toutes ces écoles.

Nous n'avons pas besoin d'insister plus longuement sur les avantages de la fusion qui s'opère déjà spontanément, car nous avons constaté que dans toutes les écoles, il y a des élèves appartenant à toutes les communions.

Enfin, pour terminer l'échelle ascendante de l'instruction primaire, nous vous proposons de remplacer la classe d'instruction primaire du Collége communal, contre laquelle le Conseil s'est déjà prononcé à diverses reprises, par une classe d'enseignement primaire supérieur, où seraient admis les élèves qui auraient passé par tous les degrés de l'enseignement primaire. Ils y acquerraient des éléments d'histoire générale, de géométrie pratique, d'arpentage, de tenue des livres, de dessin et de musique.

Elle serait dirigée par un maître de la pre-

mière division, à 2.000 fr., ayant un supplément de 500 fr. et une indemnité de logement de 500 fr.

Il ne nous paraît pas opportun de toucher, en ce moment, à l'école arabe de garçons qui se trouve dans des conditions particulières. Son budget est fourni par le département; son fonctionnement paraît satisfaisant ; elle est située à proximité des quartiers arabes; sa population ne pourrait trouver place dans les locaux qui renfermeront les dix autres écoles ; elle ne restera pas, néanmoins, en dehors du mouvement de fusion ; elle possède déjà des élèves européens ; elle pourra en recevoir d'autres désireux d'apprendre la langue arabe; elle fournira, sans doute, aussi son contingent aux autres écoles ; le mélange se fera ainsi sans secousses. Pour ces raisons, nous vous proposons de la laisser exister transitoirement sans y apporter de modification.

ÉCOLES DES FILLES

La ville possède, comme nous l'avons dit plus haut, quatre écoles communales de filles en dehors de l'école des filles musulmanes. Ce sont :

1º ÉCOLE DES SŒURS. — Établie dans une maison arabe appartenant à la Commune et située rue Caraman. Elle compte deux cent trente-six élèves, réparties en six classes, sous la direction de six sœurs et de la sœur supérieure.

Le local présente de nombreux inconvénients ; les salles sont petites, morcelées par des anfractuosités, peu aérées; deux ne prennent jour que par la porte donnant sur la galerie. Le rez-de-chaussée occupé en partie par la cuisine des sœurs est sombre et humide, il communique avec la maison voisine où se trouve le pensionnat des sœurs installé dans des conditions bien différentes d'espace et de salubrité.

Cette école figure au budget pour la somme de :

Personnel enseignant.	4.800
Matériel et chauffage..	500
Subvention au pensionnat.	4.000
Loyer approximatif.	1.500
Total.	10.800

2o ÉCOLE PROTESTANTE DES FILLES. — Située au rez-de-chaussée d'une maison, rue Sauzai. Local humide, peu aéré, trop exigu et dont le prix de location de 800 fr. fixé à une époque déjà éloignée, se trouve exagéré pour le moment actuel.

Soixante-quatre élèves sont inscrites au contrôle ; quarante-six seulement trouvent place sur les bancs, les autres sont obligées de se tenir debout ou assises par terre.

Cette école dirigée par Madame Buisson, aurait pris une grande extension si le local le permettait, car, chaque jour, elle est obligée de refuser des élèves.

Budget :

Personnel.	1.500
Matériel et chauffage.	300
Loyer de l'école.	800
Loyer de l'institutrice.	400
Total.	3.000

3o ÉCOLE ISRAÉLITE DES FILLES. — Local assez vaste et suffisamment aéré, mais laissant beaucoup à désirer sous le rapport de l'entretien. Cette école reçoit cent trente élèves; elle est dirigée par une maîtresse et une sous-maîtresse.

Budget :

Personnel.	2.800
Matériel et chauffage..	450
Loyer de l'école et de la maîtresse. .	2 100
Total..	5.350

Il faut remarquer que dans ce loyer de 2,100 fr. se trouve compris celui de la maîtresse, épouse de M. Weil, qui recevrait dans la nouvelle organisation que nous vous proposons, une allocation de 500 fr. pour le même usage.

4° ÉCOLE DES FILLES DU FAUBOURG. — Son installation ne laisse rien à désirer sous le rapport du local qui est vaste, élevé, clair et bien aéré.

Elle est fréquentée par soixante-cinq élèves, sous la direction d'une maîtresse qui réclame une sous-maîtresse.

Budget :

Personnel.	1.500
Matériel et chauffage.	300
Loyer de l'école et de l'institutrice. .	1.200
Total.	3.000

ÉCOLE MUSULMANE DES FILLES. — Cette école est par sa nature en dehors de toute assimilation dans le présent ou dans l'avenir, avec les précédentes.

Nous réservons son exame... ur la fin de ce travail.

RÉCAPITULATION

	Maîtresses.	Sous-Maîtresses.	Élèves.	Dépenses.
1º ÉCOLE CATHOLIQUE DES Sœurs..........	1	6	236	10.800
2º ÉCOLE PROTESTANTE..	1	»	64	3.000
3º ÉCOLE ISRAÉLITE.....	1	1	130	5.350
4º ÉCOLE CATHOLIQUE DU Faubourg........	1	»	65	3.000
TOTAL....	4	7	495	22.150

Même observation que pour les écoles de garçons, au sujet du chiffre de quatre cent quatre-vingt-quinze élèves qui est celui des contrôles, mais qu'il faut réduire à quatre cent cinquante environ.

La transformation et la fusion des écoles de

filles nous paraît aussi nécessaire et urgente que celles des garçons, mais elle offre des difficultés d'application, dont la principale est l'absence de locaux convenables, ceux dont nous pouvons disposer laissant beaucoup à désirer sous bien des rapports.

La maison communale qui donne asile à l'école des sœurs ne se prête point aux modifications ; elle renferme six classes pouvant contenir chacune quarante élèves environ. Elle devrait être isolée du pensionnat des sœurs actuellement en communication par le rez-de-chaussée où se trouve la cuisine de cet établissement.

L'école protestante, rue Sauzay, dont le local trop petit empêche le développement, devrait être transportée dans le local actuellement occupé par l'école israélite des filles, rue Salomon, où l'on pourrait former deux classes. Deux autres classes pourraient être installées dans le local communal de la synagogue, devenu vacant.

L'école des filles du faubourg doit rester telle qu'elle existe actuellement pour les mêmes causes de localité qui nous ont fait tenir en dehors de nos calculs celle des garçons, mais il devrait lui être adjoint une sous-maîtresse qui serait spécialement chargée de la surveillance et des soins des jeunes enfants nombreux de cette classe, car les mères du faubourg n'ont point les ressources de l'asile.

Par la combinaison que nous venons de développer, nous divisons donc les quatre cents élèves fréquentant les écoles des filles en dix classes, dont le classement se ferait par les mêmes principes que pour les garçons : leur degré d'instruction.

Dans chacune des six de l'école actuelle des sœurs, nous mettons une institutrice de première division, à 1.500 fr. d'appointements, avec 400 fr. d'indemnité de logement, soit.. . . . . 11.400

Dans les quatre autres classes destinées aux plus jeunes élèves, nous mettons deux maîtresses de la deuxième division, à 1.000 fr. d'appointements, avec 250 fr. d'indemnité de logement, soit.. 2 500

Et deux sous-maîtresses à 800 fr. de traitement et 200 fr. d'indemnité de logement, soit 2.000

Loyer de l'école actuelle de Madame Weil, diminué de l'indemnité de logement accordée à son mari. 1.600

A reporter. . . . 17.500

Report . .	17.500
Valeur locative approximative du local des sœurs.. . . . . : . .	1.500
Valeur locative approximative du local de la synagogue.	1.000
Matériel et chauffage des six premières classes (chiffres du budget)..	500
Matériel et chauffage des quatre autres classes.	600
Supplément de traitement à Madame Weil, qui de 1.800 qu'elle touche peut retomber à 1.500 fr., traitement des institutrices de la première division.. .	300
École du faubourg.	3.000
Adjonction d'une sous-maîtresse.. .	1.000
	25.400

Il y aura à déduire de cette somme, à l'expiration du bail :

Le loyer de l'école protestante des filles de la rue Sauzay, supprimée.	800	
Indemnité de matériel de la même école..	300	1.100
Total.		24.300

La transformation des écoles de filles, telle que nous venons de l'exposer, entraînerait donc à une dépense dépassant de 2.150 fr., celle figurant aux anciens budgets pour le même usage. L'adjonction d'une sous-maîtresse à l'école du faubourg, nécessaire quand même on ne toucherait pas à l'organisation générale, représente déjà la moitié de cette augmentation.

Nous supprimons la subvention de 4.000 fr. accordée au pensionnat des sœurs.

L'État doit à tous l'enseignement primaire gratuit; là, doit se borner son action; tel est le principe admis dans la libre Amérique, et, dans l'espèce, la municipalité de Constantine n'a pas le droit, selon nous, de détourner les deniers des contribuables pour subventionner tel ou tel établissement privé, offrant l'instruction supérieure à telle ou telle catégorie de citoyens. En vertu du même principe, nous vous proposons la suppression de la subvention de 1.500 fr., figurant au budget au profit de Madame Sicard.

Le chiffre de 24.300 fr. représentant la dépense totale des écoles communales de filles ne sera pas celui qui figurera au budget que vous allez voter, si vous acceptez ce plan de réforme. Il y a lieu de retrancher le chiffre de la valeur approximative du loyer des deux locaux communaux qui seront affectés à co service, soit **2.500 fr.** La dépense ne sera donc que de **21.800 fr.**

La division en six petites classes du bâtiment des sœurs, a son avantage, en ce sens, qu'il permettra de grouper, dans une classe, des élèves sensiblement de la même force, ce qui aide beaucoup au progrès des études.

Le personnel des institutrices va être à recruter presque en entier, car il ne restera, à part l'institutrice du faubourg qui ne peut être dérangée, que deux institutrices de la première division et une de la deuxième. Il faudra donc pour la compléter, quatre institutrices de la première division, une de la deuxième et trois sous-maîtresses. Un appel en France, notamment dans certains cantons du département du Doubs où beaucoup de femmes se destinent à l'instruction, ne peut manquer d'être entendu.

Lorsque la place d'institutrice protestante fut vacante, il y a trois ans, un simple avis en France fut suivi immédiatement de sept demandes, toutes appuyées sur des titres sérieux, le Consistoire fit un choix dont il n'a eu qu'à se louer sous tous les rapports.

ÉCOLE MUSULMANE DES FILLES. — Cette école créée par décret du 14 juillet 1850, a été remise[1] à la Commune avec le budget y afférent par l'administration préfectorale, à la date du 1er janvier 1869.

La municipalité qui n'avait point à pourvoir à ses besoins, a négligé jusqu'à ce jour de pénétrer dans les détails de son organisation et s'est contentée de jouer vis-à-vis d'elle le rôle d'un comptable qui enregistre les recettes et les dépenses.

Cette indifférence, peu digne, doit elle persister ? Nous ne le pensons pas, la Commune républicaine doit sa sollicitude à tous ses enfants quelle que soit leur race ou leur caste. Elle la doit aussi aux intérêts de l'État qu'elle méconnaîtrait en se renfermant dans l'égoïsme étroit de l'intérêt local ; par ces motifs, nous allons vous faire l'exposé de l'organisation et du fonctionnement de l'école musulmane des filles de Constantine.

Cette école est située rue Ali-Moussa, dans un bâtiment domanial, contenant deux classes et le logement de la directrice. Son registre d'inscription porte quatre-vingt-sept élèves. Son personnel enseignant se compose d'une directrice, une sous-maîtresse, une monitrice. Elle a une servante. Ses dépenses sont ainsi fixées :

Traitement fixe de la directrice..	1.000	
2/3 de rétribution mensuelle.	480	
Gratification de la moitié du traitement..	500	1.980
Traitement de la sous-maîtresse.	500	
1/3 de la rétribution mensuelle.	240	990
Gratification (même base).	250	
Traitement de la monitrice.	500	
Gratification.	100	600
Salaire d'une femme de peine.. . .		180
Nourriture des élèves (d'après marché passé par l'administration, 25 cent. par élève et par jour, pour quatre-vingt-sept élèves).		4.000
Matériel et fournitures diverses. .		700
Achats d'objets nécessaires aux travaux d'aiguille.		400
Distribution de vêtements aux élèves.		400
Total.		9.250

Tout d'abord, nous constatons une différence inexpliquée dans le budget provincial qui porte le chiffre fixe de 4 000 fr. pour dépenses de nourriture à 0 25 cent. par élève et par jour, ce qui ferait pour quatre-vingt-sept élèves, pendant l'année scolaire, 6.641 fr. 75 cent.; elle doit provenir de ce que le chiffre des élèves était primitivement de soixante; mais à présent comment la directrice fait elle pour pourvoir à ce surcroît de dépenses?

Les deux derniers crédits, formant ensemble 800 fr., sont employés à acheter des étoffes, du fil, des aiguilles, de la laine et du coton à tricoter, pour exercer les élèves à ce genre de travail. Les objets d'habillement provenant de ces travaux sont donnés aux élèves selon leurs besoins.

En dehors de ces travaux, il s'en fait d'autres pour le dehors et le produit est distribué aux jeunes travailleuses.

La nourriture qui est fournie aux élèves consiste en pain, fruits, légumes ou soupes, une fois par jour.

Les exercices scolaires sont très-restreints; ils se bornent à la lecture et l'écriture françaises et un peu de calcul; nous avons constaté que ces jeunes filles montraient peu d'aptitude pour

l'étude, leur principale occupation consi-te en
travaux de couture et de tricot

Cette institution destinée à soustraire les filles
musulmanes à l'oisiveté, au vagabondage et aux
vices qu'elles engendrent en leur donnant le goût
de l'ordre et du travail, n'est pas près de passer dans
les mœurs de ce peuple qui y sera peut-être toujours rebelle. D'abord, toute jeune fille de parents
aisés est soigneusement séquestrée dès son plus
bas âge. D'autre part, il n'entre nullement dans les
vues des musulmans que la femme s'instruise,
parce que l'instruction ferait naître dans son esprit
des idées d'émancipation et de révolte subversives
de la société musulmane telle qu'elle est cons-
tituée.

Il résulte de ces faits :

1o Que l'école musulmane des filles ne peut se
recruter que parmi les enfants des rangs les plus
infimes de la population; que l'appât de la nourriture, du vêtement et d'un léger salaire y attire seul
et qui disparaîtront du jour où ces avantages lui
seraient retirés ;

2o Que tout espoir de fusion avec les autres
écoles de filles pour faire participer les jeunes musulmanes aux bienfaits d'une instruction progres-
sive, doit être ajournée longtemps encore.

Les seules modifications qui nous paraissent

désirables pour cette école et que nous avons l'honneur de vous proposer, c'est de faire rentrer la directrice et la sous-maîtresse dans les règles communes, en leur allouant un traitement fixe ainsi déterminé :

A la directrice 2.000 fr., sans autre indemnité d'aucune nature, ni gratification ;

A la sous-maîtresse 1.000 fr., sans autre indemnité d'aucune nature, ni gratification.

Cette réforme qui ne change rien au chiffre total des allocations budgétaires, satisfera ces deux institutrices qui la réclament.

En second lieu, nous pensons qu'une surveillance et un contrôle doivent être exercés sur la quantité et la qualité de la nourriture, sur l'achat des étoffes et autres matières et la répartition entre les élèves, des effets confectionnés, et enfin, sur le produit des autres travaux et la répartition ou l'emploi de ce produit.

DÉPENSE TOTALE DES ÉCOLES RÉFORMÉES

Budget :

Écoles de garçons.	34.950	
École primaire supérieure,. . . .	2.500	
École arabe-française..	8.720	77.250
École des filles..	21.800	
Écoles des filles primaires . . .	9.280	

ANCIENNE ORGANISATION

Budget :

École de garçons.	31.000	
École arabe de garçons	8.720	
École de filles..	22.150	73.650
École musulmane de filles., . .	9.280	
Classe primaire du Collége . . .	2.500	
Différence en augmentation. .		3.600

Sur le budget total des écoles réformées — 77.250 fr., — le budget départemental fournit 18.000 fr. C'est donc 59.250 fr. que la commune, dépense actuellement pour toutes ses écoles.

3

Il nous reste à traiter un point très-important : celui de la surveillance et de la direction des écoles.

La loi du 15 mars 1850, dispose que le maire, le curé, le pasteur, le délégué du culte israélite, et dans les communes de 2.000 âmes et au-dessus, un ou plusieurs habitants de la commune, délégués par le Conseil départemental, sont préposés à la surveillance des écoles. Et plus loin : *A part leur action individuelle*, les délégués communaux peuvent se réunir conjointement avec le curé ou le pasteur, sous la présidence du maire, pour convenir des avis à transmettre à l'inspecteur de l'instruction primaire.

Toutes ces dispositions n'ont plus leur raison d'être avec la réforme scolaire que nous proposons, puisque nous bannissons de l'enseignement l'action des ministres des divers cultes. Il faut ouvrir une large voie d'action à l'élément civil dans la direction et la surveillance scolaire, pour la mettre en harmonie avec notre réforme, et pour cela, créer un Comité composé de trois membres français du Conseil municipal, sous la présidence honoraire du maire et avec adjonction d'un instituteur ayant voix consultative, désigné à l'élection par ses collègues. Les instituteurs se réuniront eux-mêmes en Comité pour déterminer le plan général et pro-

gressif d'études et l'unité de méthode d'enseignement à adopter.

Il faut remarquer que nous n'avons nullement
l'intention de restreindre l'action du maire en lui
réservant la présidence honoraire du Comité mu-
cipal d'instruction publique ; mais nul ne niera
que la multiplicité des affaires qui réclament toute
l'attention de ce magistrat l'empêchent de consacrer à cette branche de son administration le
temps nécessaire à une surveillance efficace.

Nous ne pouvons prolonger ce travail qui fini-
rait par fatiguer le Conseil, en énumérant longuement les attributions que devra avoir la Commission municipale d'instruction publique. Nous
nous résumerons, en conséquence, en disant
qu'elles seront celles dout jouissaient les anciennes
Commissions composées de fonctionnaires, d'ec-
clésiastiques et de délégués de l'ancienne organisation, modifiées selon les besoins de la réforme.
Nous n'insisterons que sur un point : son caractère de permanence et d'activité constante, surtout au début de l'application de la réforme.

Nous arrêtons ce rapport, qui n'a pas la pré-
tention d'être un plan complet dans toutes ces
parties de la réforme que nous vous proposons,
mais un simple canevas, un cadre admettant

toutes les additions, soustractions ou corrections que le Conseil jugera, dans sa sagesse, devoir y introduire.

Constantine, le 13 mars 1871.

Le Rapporteur de la Commission municipale d'instruction publique,

STANISLAS MERCIER.

EXTRAIT

DU

REGISTRE DES DÉLIBÉRATIONS

DU CONSEIL MUNICIPAL

Séance du 15 mars 1871

Sont présents :

MM. Battandier, Maire, *président* ; Brunache et Germon, adjoints ; Poivre, Mercier (Stanislas), Truc, Joffre, Mercier (Théodore), Joly de Brésillon, Girard, Bourdais, Lavie, Claris et Leinen, conseillers ;

MM. Mohamed ben Badis, adjoint ; Mahmoud ben Bachtarzi, Allaoua ben Sassi, Kalfa Adda, conseillers ;

MM. Mauri et Sider, conseillers.

Sont absents :

MM. VILLA, en voyage ; ARNOLET et STORA, malades ;
M. HAMOUDA, sans motifs connus.

———

SECTION V.

INSTRUCTION PUBLIQUE. — BEAUX-ARTS.

M. Mercier (Stanislas), au nom de la Commission de
l'instruction publique, dépose son rapport sur la réorganisation des écoles primaires de la ville, au point de vue
de l'enseignement laïque.

(Il est donné lecture de ce document.)

Après la lecture de ce rapport, le Maire consulte le
Conseil sur la question de savoir s'il entend aborder de
suite la discussion détaillée du nouveau projet d'organisation des écoles ou remettre cette délibération à une
prochaine séance.

M. Mercier (Théodore) dit que s'il n'est pas possible
d'aborder aujourd'hui, les détails de la réorganisation
proposée par la Commission, il convient, toutefois, de
voter immédiatement le principe de l'exclusion absolue des
congrégations religieuses de toutes parts dans l'instruction
primaire. Il pense que l'instruction donnée par les congréganistes est incompatible avec les principes démocra-

tiques, qui sont aujourd'hui, la base de notre nouvelle organisation politique. Cet enseignement rétrograde n'a pas été sans fâcheuse influence dans les événements qui ont élevé et maintenu l'ancien Gouvernement, et dès-lors, on peut légitimement lui attribuer, en partie, la responsabilité de nos malheurs actuels. Il insiste donc pour que le Conseil décide immédiatement, que toutes les congrégations religieuses seront exclues de l'instruction primaire.

M. Joffre ne pense pas que la question doive être posée comme M. Mercier (Théodore) la pose. Membre de la Commission, il a partagé toutes les idées émises dans le rapport qui vient d'être lu, mais il ne croit pas que les congrégations doivent être repoussées comme par suite d'une idée préconçue. La Commune, doit instituer un système d'instruction primaire complétement indépendant de l'éducation religieuse, et s'il est vrai que la suppression de l'enseignement congréganiste est la conséquence de l'adoption du nouveau système, il n'en est cependant pas le but. Le but à atteindre, est d'avoir des écoles où l'enseignement primaire puisse être donné aux enfants de toutes religions, ce qui ne peut se faire qu'avec l'enseignement exclusivement laïque.

M. Joffre pense, en outre, que la nouvelle organisation doit demander un certain temps et croit qu'il faudrait voter pour le moment les fonds destinés à toutes les écoles existant actuellement en attendant l'installation des nouvelles.

M. Mercier (Théodore) insiste pour la suppression des écoles congréganistes, il faut bien qu'elles disparaissent pour faire place à celles qui doivent les remplacer.

Le Maire dit qu'il croit pouvoir organiser les écoles des garçons, mais il craint de rencontrer plus de difficultés pour celles des filles; d'ailleurs, l'examen de ces questions d'exécution rentre dans la discussion de détail des conclusions du rapport. Il pense qu'il y a lieu de voter sur le principe de l'établissement de l'instruction primaire exclusivement laïque.

La question ainsi posée est mise aux voix et adoptée à l'unanimité.

En conséquence, le Conseil décide que l'instruction primaire sera organisée sur le pied d'un enseignement exclusivement laïque et renvoie à lundi soir la discussion du rapport en ce qui touche l'organisation et l'exécution des mesures proposées par la Commission.

Séance du 24 mars 1871

Sont présents :

MM. BATTANDIER , Maire, *président;* BRUNACHE et GERMON, adjoints; POIVRE, MERCIER (Stanislas), TRUC, JOFFRE, MERCIER (Théodore), JOLY DE BRÉSILLON, GIRARD, BOURDAIS, LAVIE, CLARIS et LEINEN, conseillers;

MM. MOHAMED BEN BADIS, adjoint ; MAHMOUD BEN
BACHTARZI et ALLAOUA BEN SASSI, conseillers ;

M. KALFA ADDA ;

MM. MAURI et SIDER.

Sont absents :

MM. VILLA, en voyage ; ARNOLET, malade ;
MM. STORA et HAMOUDA, sans motifs connus.

————

• • • • • • • • • • • • • • •

INSTRUCTION PRIMAIRE.

M. Mercier (Stanislas) fait une analyse des dispositions
du rapport de la Commission des écoles, lu à l'avant-der-
nière séance et inséré au procès-verbal.

Il répond à une objection posée par le directeur de
l'école israélite sur les inconvénients qu'entraînera la
fusion projetée pour les élèves de cette religion qui doivent célébrer le sabbat. Il est vrai que la loi religieuse
interdit aux israélites toute espèce de travail le samedi et
même le vendredi dans l'après-midi, d'où il résulte que
cette journée et demie de repos forcé, venant s'ajouter
aux vacances ordinaires de chaque semaine, fixées aux
jeudi et dimanche dans toutes les écoles catholiques et
protestantes, les élèves appartenant au culte israélite se
trouveront privés d'instruction pendant trois jours et demi
sur sept qui composent la semaine. Des considérations de

cette nature ne sauraient, dit M. Mercier (Stanislas), arrêter le Conseil dans une réforme qui a justement pour objet de donner à tous les enfants de la Commune une instruction exclusivement laïque et dégagée de toute préoccupation de religion. Les élèves israélites qui croiraient enfreindre la loi de Moïse en suivant les classes le samedi en seront quittes pour travailler un peu plus les autres jours, afin de se maintenir à la hauteur de leurs condisciples

M. Mercier (Stanislas) dit ensuite que la Commission s'est occupée de la question du Collège communal, en vue d'une fusion désirable avec le Collège arabe, mais ni à la Préfecture ni à la Division elle n'a pu trouver les renseignements dont elle avait besoin pour s'éclairer. Pressée par le temps, elle a dû alors négliger cette question dans son rapport sur la réorganisation des écoles, et la réserver pour une étude spéciale. Elle a seulement proposé de supprimer la classe primaire du Collège qui n'a pas de raison d'être, pour la remplacer par une classe primaire supérieure.

Le Maire pense que le Conseil a fort sagement agi en s'abstenant de donner à cette importante question une solution précipitée que réclamaient quelques esprits impatients. A l'ancienne organisation des écoles de la Commune condamnée en principe par un vote récent et unanime, le Conseil est appelé aujourd'hui à en substituer une nouvelle ayant pour base l'enseignement laïque. C'est un nouveau programme à appliquer, tout un personnel à reconstituer, des locaux à approprier, une série de mesures enfin, qui doivent être préparées à l'avance et exécutées autant que possible, sans que les nombreux enfants qui fréquentent les écoles de la Commune soient exposés à rester pendant plusieurs mois sans instruction ou à ne la recevoir qu'incomplète. Pour obtenir ce résultat, il compte sur le concours de la Commission, qui tiendra à honneur de poursuivre jusqu'au bout, l'application de la réforme dont elle a jeté les bases dans son consciencieux et remarquable travail.

La question du Collége sera moins facile à résoudre. L'enseignement donné au Collége arabe n'est pas le même qu'au Collége communal ; le premier ne comporte que l'enseignement spécial, tandis que l'autre est ouvert en outre aux classes de latinité. Les tentatives de fusion doivent néanmoins être abordées sans retard, car l'avenir des deux établissements y est attaché.

Le Maire approuve particulièrement la partie du rapport qui recommande la suppression de la classe primaire entretenue jusqu'à ce jour au Collége. Cette classe doit disparaître et il n'a pas dépendu de lui qu'elle ne fût déjà supprimée l'année dernière comme une superfétation onéreuse.

M. Leinen dit que la question de la fusion des deux Colléges doit primer celle de la réorganisation des écoles primaires. En réunissant à bref délai le Collége communal au Collége arabe, la Commune pourrait profiter des locaux de son établissement pour y installer ses classes primaires dans d'excellentes conditions.

Les dépenses du Collége sont hors de toute proportion avec les résultats acquis ; il est urgent de les réduire. En créant cet établissement, la ville de Constantine avait du reste, l'espoir de le voir bientôt convertir en lycée, car les services qu'il rend ne sont pas limités à la Commune, ils s'étendent à plusieurs autres villes de la province, qui pourtant ont été affranchies jusqu'à présent de toute participation aux frais occasionnés par son entretien.

M. Leinen conclut : 1° à la suppression du Collége et à l'installation dans les locaux de cet établissement, des écoles supérieures des garçons, ce qui permettrait d'approprier le bâtiment de la rue Sauzay à l'usage des écoles des filles ; 2° au renvoi des frères de la Doctrine chrétienne aussitôt après Pâques, et au remplacement des sœurs aux prochaines vacances.

M. Mercier (Stanislas) fait remarquer que, dans son rapport la Commission n'a rien entendu modifier à l'école des filles quant au local ; elle s'est bornée à proposer le remplacement des institutrices congréganistes par des institutrices laïques.

M. Germon présente les observations suivantes :

Dans son projet de réorganisation de l'intruction primaire, la Commission croit devoir momentanément laisser subsister notre Collége communal.

M. le Maire tout en reconnaissant que les dépenses occasionnées par le Collége sont loin d'être en rapport avec les résultats obtenus, pense qu'il serait difficile d'obtenir à bref délai, l'érection en lycée départemental du Collége franco-arabe et la fusion de ce lycée et du Collége communal. De sorte que, ni le Maire, ni la Commission n'indiquent une époque fixe proposable ou sera résolue cette question des colléges si lourde pour nos finances.

M. Germon tient à démontrer au Conseil la nécessité de fixer par un vote cette époque la plus rapprochée pos-

sible. En effet, le Collége coûte annuellement à la Commune :

1° Valeur locative.	30.000
2° Personnel et matériel..	34.000
Total.	64.000

Sur les quatre-vingt-dix élèves, quarante-cinq jeunes
enfants n'y suivent que les cours primaires, et, de l'avis
unanime du Conseil, pourraient être versés aux écoles primaires. On réaliserait ainsi une première économie de
2.500 à 3.000 fr. sur le budget collégial qui deviendrait
en chiffres ronds 60.000 fr. pour quarante-cinq élèves
Chaque élève nous coûterait encore 1.333 fr. par an. Si
l'on retranche de ces quarante-cinq élèves restant, les
dix-huit appartenant aux communes de Batna, Sétif, etc.,
dont les frais d'instruction ne devraient pas incomber à la
seule commune de Constantine, mais bien à tout le département, on arrive à ce résultat plus incroyable encore que
chacun des vingt-sept collégiens de Constantine coûte
2.222 fr. par an à la Commune. Et le département (c'est-
à-dire toujours les contribuables), dépense en outre 100 à
110.000 fr. par an pour le Collége franco-arabe. La bourse
entière pour les internes y est de 557 fr. Par la fusion,
nous arriverions donc en y payant la bourse entière de
nos vingt-sept élèves, à une dépense de 15.039 fr., soit à
une économie annuelle de 45.000 fr. Le prix de la bourse
y fut-il élevé à 800 fr. comme au lycée d'Alger, que nous
gagnerions encore 38.400 fr. en y envoyant aux frais de
la Commune tous nos élèves.

Mais bien que notre devoir soit de favoriser largement

l'instruction à tous les degrés, nous ne pouvons songer à la gratuité absolue de l'enseignement supérieur. Établissons la gratuité de l'instruction primaire, créons le plus possible de bourses en faveur des élèves reconnus les plus aptes à recevoir l'instruction supérieure, et puisque le Collége franco-arabe n'a pas de professeurs pour les lettres, obtenons d'y installer, fut-ce à nos frais, ceux de notre collége. Les 2.000 fr. d'économies ainsi réalisées rien que sur le personnel et les professeurs pour les sciences faisant double emploi avec ceux du Collége franco-arabe, pourront en partie être employés en bourses gratuites.

Le local du Collége communal nous suffira pour installer toutes les écoles primaires des garçons et même une école préparatoire d'arts-et-métiers, comme le demandait sagement M. Joly de Brésillon.

Et au lieu de laisser les écoles des filles dans les locaux actuels insuffisants, nous pourrons les installer dans les locaux plus vastes et mieux aérés de quelques-unes de nos écoles de garçons.

M. Truc conteste les chiffres donnés par M. Germon sur les dépenses annuelles du Collége. On n'arrive à la somme de 64.000 fr. qu'en ajoutant aux dépenses réelles un chiffre élevé pour la valeur locative.

M. Germon répond qu'en plaçant toutes les écoles primaires dans les bâtiments actuels du collége, la Commune réaliserait une économie réelle ; il devait donc le mettre en ligne de compte dans ses calculs.

Le Maire appuie entièrement l'opinion de MM. Germon et Leinen. La Commune, l'État et les familles ont un intérêt incontestable à la fusion des deux Colléges qui ne peu-

vent ni prospérer, ni même se maintenir en face l'un de
l'autre. Cette conviction, il l'avait déjà, lorsqu'il y a un
an, il s'opposait de toutes ses forces au renouvellement
de l'engagement quinquennal.

M. Mercier (Stanislas) craint que la Commune ne puisse
pas compter en ce moment, sur le Collége arabe pour
l'exécution de ses projets de réforme ; la transformation
de cet établissement ou son maintien avec affectation spéciale dépendra beaucoup des événements politiques
actuels.

Il ajoute que la Commission a bien pensé à demander,
conformément à l'opinion de MM. Leinen et Germon, la
fusion des deux Colléges, mais à la condition d'en faire un
établissement complétement soustrait à l'autorité militaire
et soumis au contrôle et à la direction du département.
D'ailleurs, la Commu... s'était appliquée à ne pas créer
de nouvelles dépenses et à faire servir les locaux actuels,
sans augmentation de crédit, de manière à pouvoir trans-
porter les écoles transformées dans le Collége lorsqu'il
deviendrait vacant, sans perte d'aménagements coûteux.

M. Germon propose au Conseil de prendre une décision
qui fusionne les deux colléges, à partir des vacances prochaines.

M. Lavie ne voudrait pas que l'on supprimât le collége
avant de l'avoir remplacé par un lycée.

M. Leinen dit que la combinaison du lycée n'est pas
réalisable en ce moment ; d'ailleurs, elle ne rendrait pas
libre le local du collége, puisque aux termes de la loi les
communes doivent fournir les bâtiments des lycées.

Le Conseil, vu l'heure avancée, ajourne sa résolution à la prochaine séance.

La séance est levée à 11 heures 1/2 et renvoyée à lundi prochain.

Séance du 27 mars 1871

Sont présents :

MM. BATTANDIER, Maire, *président ;* BRUNACHE et GERMON, adjoints ; POIVRE, MERCIER (Stanislas), TRUC, JOFFRE, MERCIER (Théodore), JOLY DE BRÉSILLON, GIRARD, BOURDAIS, LAVIE, CLARIS et LEINEN, conseillers ;

MM. MOHAMED BEN BADIS, adjoint ; ALLAOUA BEN SASSI, KALFA ADDA, conseillers ;

MM. MAURI et SIDER, conseillers ;

Sont absents :

MM. VILLA, en voyage ; ARNOLET, malade ; BACHTARZI, excusé ; HAMOUDA et STORA, sans motifs connus.

INSTRUCTION PUBLIQUE.

Comme suite à la discussion commencée dans la précédente séance, M. Germon fait la proposition suivante :

« Une Commission de trois membres y compris le Maire, président, fera d'*urgence* toutes démarches pour obtenir la fusion du Collége communal dans le Collége franco-arabe, transformé en collége départemental.

» Si la Commission ne peut obtenir ce résultat avant l'expiration des prochaines vacances de Pâques, elle mettra ses soins à obtenir pour cette époque, le transfert des élèves du Collége communal au Collége franco-arabe.

» Et (provisoirement, aux frais de la commune), l'adjonction au Collége franco-arabe des professeurs actuels du Collége communal. »

Le Maire pense que le délai indiqué dans la proposition Germon est beaucoup trop court. Quelque soit le désir que chacun puisse avoir de réaliser sans tarder la fusion des deux colléges et d'alléger les charges budgétaires, tout en assurant aux jeunes gens de la province de meilleures conditions d'instruction, il faut encore le temps de trouver des moyens pratiques. A côté de cette objection matérielle, il s'en présente une autre qui est tirée des termes mêmes de la loi du 15 mars 1850, sur l'enseignement. L'art. 74 impose aux communes qui établissent un collége, l'obligation de garantir pour cinq ans au moins le traitement du personnel. Or, l'engagement quinquennal ayant été renouvelé l'année dernière, il y aura des démarches à faire pour en être relevé.

4

M. Germon répond que le délai fixé par lui n'est pas rigoureux ; la Commission fera pour le mieux et le plus tôt possible.

M. Poivre fait remarquer que la transformation du collége en lycée, nécessitera l'attache du ministre. Il faut donc agir sans retard, émettre un vœu et l'envoyer le plus tôt possible en l'appuyant de toutes les considérations de nature à le faire accueillir.

M. Leinen dit que la création d'un lycée demandera beaucoup de temps et qu'il n'est pas certain qu'elle aboutisse. Il faut signaler au département l'intention formelle de la Commune de supprimer son collége aux vacances prochaines et assurer, dès aujourd'hui, cette mesure, en ne votant des fonds que jusqu'à cette époque.

M. Joly de Brésillon croit que la Commune va se trouver en face de difficultés sérieuses. Elle aura à lutter contre l'autorité militaire qui a la direction du Collége arabe et qui ne voudra peut-être pas s'en dessaisir. Il faut donc étudier de près l'organisation de cet établissement, afin de savoir si nous pourrons y envoyer nos élèves, dans le cas où il continuerait à être dirigé par la Division.

M. Germon observe que c'est justement pour trancher ces difficultés qu'il demande la nomination d'une Commission.

M. Mercier (Stanislas) dit qu'avant de supprimer notre Collége, il faut être en mesure d'appliquer une combinaison au moins équivalente qui assure l'instruction secondaire.

La Commune ne peut pas abdiquer son droit d'interven-
tion et de direction en se contentant d'envoyer ses enfants
au Collège arabe. La question a donc besoin d'être étudiée
avec sollicitude ; c'est avec cette conviction et parce que le
temps lui manquait que la Commission a proposé de régler
d'abord l'instruction primaire sans toucher au collège.

Le Conseil supprimant les deux derniers paragraphes de
la proposition Germon, l'adopte comme suit :

« Une Commission de trois membres, y compris le
» Maire, président, fera d'urgence toutes démarches pour
» obtenir la fusion du Collège communal dans le Collège
» franco-arabe, transformé en collège départemental. »

Sont nommés membres de la Commission :
Le Maire, MM. Poivre et Mercier (Stanislas).

---

*Discussion de détails sur le projet de réorganisation
de l'instruction primaire proposée par la Commission.*

Le Maire, dans le but de faciliter la discussion des
différentes questions à traiter, propose l'ordre suivant
qui est adopté :

1o Augmentations des dépenses de l'instruction primaire ;

2o Locaux à affecter aux écoles ;

3o Époque où la réorganisation sera effectuée ;

4o Personnel des instituteurs et institutrices.

5o Hiérarchie à appliquer au personnel enseignant ;

6° Fixation des jours de congé hedomadaires ;

7° Nomination d'une Commission de surveillance ;

8° Gratuité complète et générale de l'instruction primaire ;

9° Création d'une école primaire supérieure ;

10° Crédits à inscrire au budget de 1871.

1° *Augmentation des dépenses.*

M. Mercier (Stanislas) engage le Conseil à accepter le principe de l'augmentation comme il l'a proposé dans son rapport. La somme ne sera d'ailleurs pas bien importante, et en présence des avantages de la réforme qu'elle doit assurer, il n'y aura pas à la regretter. Dans cette augmentation, il serait utile de comprendre le crédit nécessaire à la fourniture gratuite du papier et de l'encre et autres objets nécessaires aux élèves, les livres non exceptés.

Le Maire dit que la Commune a déjà l'habitude de délivrer des bons pour les fournitures à tous les enfants pauvres qui en font la demande.

M. Lavie demande que l'étude de la langue arabe soit ajoutée au programme de l'instruction primaire.

Le Maire fait remarquer que l'étude des langues ne fait pas partie du programme de l'instruction primaire. Dans tous les cas, la proposition devra être faite à un autre article. Pour le moment, une seule chose est en discussion, c'est de savoir s'il convient, malgré l'état de nos finances, en présence du but poursuivi, d'augmenter encore les crédits alloués pour les dépenses de l'instruction primaire.

La question est résolue affirmativement.

———

2° *Locaux à affecter aux écoles.*

Le Maire, après avoir exposé en quelques mots la question, se rallie aux conclusions de la Commission.

M. Leinen croit indispensable de trouver une combinaison qui laisse libre le local de l'école actuelle des garçons de la rue Sauzai, afin d'y installer l'école des filles du degré supérieur. Le local des sœurs est insuffisant, et celui de la synagogue ne peut convenir à une école des filles. On pourrait, dit M. Leinen, rendre disponible le bâtiment de la rue Sauzai, en installant au Collége deux classes primaires des garçons.

Le Maire trouve cette combinaison impraticable. Le Collége est sous la direction exclusive du Principal, on ne peut songer à y installer des classes primaires indépendantes de son autorité.

M. Leinen insiste sur son observation.

M. Joly de Brésillon voudrait que l'on fit d'abord disparaître la classe primaire qui fait partie des cours du Collége. Cette mesure, en éliminant un grand nombre de jeunes enfants qui figurent à tort dans cet établissement d'instruction secondaire, rendrait sûrement disponible des locaux qui pourraient être isolés, au besoin, du Collége, et recevoir des classes primaires.

M. Mercier (Stanislas) dit que la classe primaire supérieure prévue par la Commission sera installée au Collége. Les filles doivent rester pour le moment dans le local qu'elles occupent, d'autant plus que le bâtiment de la rue Sauzai serait insuffisant pour cette affectation.

Le Maire pense que les locaux actuels suffiront, car il faut s'attendre à voir un assez grand nombre d'élèves rester fidèles aux frères et aux sœurs s'ils se décident à tenir des écoles privées.

M. Joly de Brésillon voit avec regret que les écoles des faubourgs ne figurent pas dans le projet de la Commission; les enfants de ces quartiers vont se trouver privés des avantages que la réorganisation procurera aux autres enfants de la ville.

Il est répondu que la distance qui sépare les faubourgs de la ville n'est pas tellement grande que les parents ne puissent envoyer leurs enfants aux écoles de la ville comme autrefois, s'ils y trouvent un avantage.

Les conclusions du rapport de la Commission sur les locaux sont adoptées.

La séance est levée à dix heures et renvoyée à mercredi soir.

Séance du 29 mars 1871

Sont présents :

MM. Battandier, Maire, *président ;* Brunache et Germon, adjoints ; Poivre, Mercier (Stanislas), Truc, Joffre, Mercier (Théodore), Joly de Brésillon, Bourdais, Lavie et Leinen, conseillers;

M. Allaoua ben Sassi;

M. Kalfa Adda.

Sont absents :

MM. Villa, en voyage; Arnolet et Claris, malades; Girard, Mohamed ben Badis, Mahmoud ben Bachtarzi, Hamouda, Stora, Mauri et Sider, sans motifs connus.

BUDGET. — INSTRUCTION PUBLIQUE.
(Suite de la discussion.)

3°. *Époque où la réorganisation sera effectuée;*
4° *Personnel des instituteurs et des institutrices.*

Le Maire estime que le délai proposé dans la dernière séance pour la réorganisation des écoles sur les bases proposées par la Commission est beaucoup trop court. Il lui paraît impossible d'appliquer la mesure pour les vacances de Pâques, soit dans quinze jours.

M. Lavie émet un avis semblable ; il pense que la transformation des écoles ne pourra être effectuée utilement qu'aux prochaines vacances annuelles.

MM. Leinen et Joly de Brésillon voudraient scinder la question et procéder isolément pour les filles et les garçons. La réforme, en ce qui concerne ces derniers, leur paraît applicable immédiatement ; le personnel est tout prêt. Quant aux filles, cela présentera plus de difficultés et on pourrait assigner un délai plus éloigné. M. Leinen ajoute qu'on doit s'en rapporter au zèle et à l'activité de la Commission chargée de la réorganisation et de la surveillance des écoles.

Le Maire dit qu'il convient d'examiner en même temps la question qui se rattache au personnel.

Les instituteurs existant actuellement soit au Collége, soit dans les diverses écoles communales comme directeurs ou maîtres-adjoints sont au nombre de douze, dont quatre munis de brevets. Trois d'entre eux ne pourront être distraits des postes qu'ils occupent à l'école arabe et à celle du faubourg, mais les neuf autres seront immédiatement disponibles pour concourir à la réorganisation. Il ne manquera conséquemment qu'un seul instituteur pour compléter le cadre du personnel des garçons, tel qu'il a été prévu par le rapporteur de la Commission.

Les écoles des filles divisées également en dix classes dans le projet de la Commission, présenteront plus de difficultés pour le recrutement du personnel. La Commune n'entretient actuellement que cinq institutrices laïques, dont trois dirigent des écoles laissées en dehors de la réforme : l'école arabe française, l'école du faubourg et l'école de la Pépinière. Toutefois, il sera possible de compléter le cadre en s'adressant aux institutrices libres et aux jeunes personnes déjà munies de brevet ou qui sont sur le point de passer leurs examens. Le Maire en donne la liste.

M. Joly de Brésillon dit que la Commune ne peut compter pour la réorganisation de ses écoles des filles que sur les dames munies du brevet. Il faut donc éliminer de la liste les aspirantes qui y figurent.

M. Joffre voudrait que l'on se préoccupât surtout et avant tout, des enfants qui ne peuvent pas rester sans instruction. Pour cela, il conviendrait de voter des fonds en laissant au Maire et à la Commission le soin d'exécuter la réforme dans le plus bref délai possible.

Cette motion est adoptée par le Conseil.

Le Conseil décide que toute personne qui voudrait fonder une école libre à côté des écoles communales devra être tenue de justifier de son brevet.

5° *Hiérarchie à appliquer au personnel enseignant.*

Le Maire pense qu'il conviendrait d'avoir dans chaque établissement d'instruction primaire, un instituteur chef qui serait chargé de la surveillance disciplinaire et de la centralisation des détails d'administration. Il recevrait les plaintes ou observations des maîtres, de leurs élèves ou des parents, et les transmettrait au délégué adjoint à la Commission des écoles.

M. Mercier (Stanislas) ne croit pas cette création
opportune ; il développe la pensée de la Commission à ce
sujet. Elle a repoussé toute hiérarchie entre les instituteurs et institutrices comme étant d'une application difficile et de nature à créer des rivalités et des jalousies dont
le service souffrirait. Les instituteurs seront appelés à
nommer un délégué qui les représentera auprès de la
Commission et assistera aux réunions avec voix consultative. Lorsque les instituteurs se réuniront eux-mêmes en
Comité pour arrêter le plan général des études et la méthode d'enseignement, l'un d'eux sera nécessairement
chargé de la présidence et ce président pourra devenir
le délégué et être maintenu en cette qualité tant qu'il
conservera la confiance de ses collègues.

M. Joffre ne croit pas le directeur nécessaire, toutes les
classes formant en quelque sorte une école séparée, dirigée par un instituteur. La surveillance générale des écoles
sera exercée par le Maire et par l'Inspecteur primaire,
chacun dans la limite de ses attributions.

M. Mercier (Stanislas) dit qu'il rentrera dans le mandat
de la Commission permanente choisie au sein du Conseil,
de surveiller les différentes classes avec l'adjonction d'un
instituteur élu par ses collègues.

M. Joly de Brésillon croit de son côté qu'une direction
sera nécessaire pour les classes réunies dans le même
local.

M. Poivre se rallie à la pensée du Maire et de M. Joly
de Brésillon. L'instituteur chargé de l'administration des
classes réunies dans le même bâtiment resterait l'égal de

ses collègues, il n'aurait d'autre mission que celle de la
police des classes et tiendrait son mandat de l'élection.
M. Poivre ajoute qu'il serait bon de tenir dans chaque
établissement un registre ouvert pour les observations.

Le Conseil décide que, indépendamment du délégué
vis-à-vis la Commission, il y aura dans chaque local
affecté à l'instruction primaire un instituteur chef chargé
de la discipline générale et de la centralisation des détails
d'administration. Élu tous les trois mois par ses collègues,
il sera rééligible et ses fonctions ne lui donneront droit à
aucune augmentation de traitement.

La même mesure sera mise en pratique pour les écoles
des filles.

———

6° *Fixation des jours de congé hebdomadaires.*

Le Maire dit que les jours de congé réglementaires sont
au nombre de deux par semaine : le jeudi et le dimanche.
Mais il est fait une exception pour les israélites qui par
suite de convenances religieuses ont leurs jours de congé
ainsi fixés : vendredi soir, samedi toute la journée et le
dimanche matin. De plus, le culte israélite comporte
annuellement un grand nombre de jours fériés pendant
lesquels les enfants s'abstiennent de fréquenter les écoles.
Il sera difficile de respecter ces usages dans la réorganisation nouvelle des écoles.

M. Leinen fait remarquer qu'en Alsace où les israélites
sont nombreux, les jours de congé ne sont pas les mêmes
que dans les autres parties de la France ; ils sont fixés au

mercredi soir et samedi de chaque semaine. Il propose
d'adopter à Constantine le mercredi soir et le samedi
soir.

. M. Mercier (Stanislas) dit que le dimanche il n'y a école
pour personne; ce jour là ne doit par conséquent pas
rentrer en ligne de compte. Quant au jeudi, il ignore si
les réglements académiques en font une prescription.

M. Joly de Brésillon propose d'adopter la demi-journée
du jeudi sans se préoccuper des réglements.

La proposition est mise aux voix.

A l'unanimité moins une voix, le Conseil adopte pour
les jours de congé des écoles primaires, le dimanche et
l'après-midi du jeudi.

M. Leinen renouvelle une proposition qu'il a déjà faite,
pour faire décider le changement des heures de classe, dans
le but de rendre les élèves à leur famille à dix heures du
matin.

Le Conseil décide que ce changement sera laissé à
l'appréciation de la Commission.

———

7o *Nomination d'une Commission de surveillance.*

M. Mercier (Stanislas) dit que trois membres français
du Conseil suffiront pour composer cette Commission
appelée à remplacer celle prévue par l'art. 44 de la loi
du 15 mars 1850.

Le Maire a remarqué que le rapport lui attribue une présidence simplement honoraire; il désire qu'elle soit effective.

M. Joly de Brésillon dit que le Maire a son temps pris par des occupations nombreuses qui l'empêcheront de présider les travaux de la Commission, et il ne conviendrait pas qu'il déléguât l'un de ses adjoints, qui ne serait pas membre de la Commission; d'autant plus que le Maire ayant toujours le droit d'intervenir dans les travaux de toutes les Commissions, il est inutile de le nommer spécialement membre de l'une d'elles.

M. Lavie fait observer que le Maire est président de droit de toutes les Commissions. On pourrait nommer un vice-président pour le remplacer, en cas d'absence ou d'empêchement.

M. Mercier (Stanislas) explique qu'aux termes du rapport, et pour l'efficacité de son action, la Commission doit être permanente; il faut donc qu'elle puisse se réunir de son initiative personnelle. Il ajoute que la Commission des écoles n'a nullement eu l'intention d'amoindrir l'autorité du Maire en l'appelant à la présidence honoraire de la Commission de surveillance. Il se rallie, d'ailleurs, à l'idée exprimée par M. Joly de Brésillon.

Le Conseil décide qu'il sera formé une Commission de trois membres du Conseil, qui sera chargée de la direction et de la surveillance des écoles communales, sous la présidence du Maire, et avec l'assistance d'un délégué des instituteurs, qui aura voix consultative. Cette Commission aura un vice-président qui aura qualité pour convoquer directement ses collègues et délibérer avec eux, après en avoir toutefois informé le Maire, qui devra aussi recevoir notification des décisions prises.

Sont désignés pour faire partie de cette Commission :

MM. Mercier (Stanislas), vice-président ;

Joffre et Claris, membres.

8° *Gratuité complète de l'instruction primaire*

Le Conseil décide qu'il sera fait défense absolue aux instituteurs ou institutrices de vendre aux élèves ou à leurs parents aucune fourniture classique de quelque nature qu'elle soit.

Il sera formellement interdit aux maîtres et maîtresses de percevoir une rétribution quelconque pour surveillance ou répétitions faites dans l'établissement, même en dehors des heures des classes.

9° *Création d'une école primaire supérieure.*

Les propositions de la Commission sont adoptées.

10° *Crédits à inscrire au budget de 1871.*

M. Poivre demande l'augmentation du traitement des instituteurs.

M. Mercier (Stanislas) répond que cette augmentation figure dans les crédits demandés par la Commission. Les anciens directeurs d'écoles ont des appointements qui restent fixés à 2,000 fr., non compris l'indemnité de logement, ce qui constitue déjà une augmentation sur l'ancienne organisation. Il lui paraît sage de ne point aller au delà pour le début.

Conformément aux propositions de la Commission, le Conseil fixe comme il suit les crédits à inscrire au budget communal de 1871 pour les écoles primaires :

1° École des garçons	34.950
2° École primaire supérieure	2.500
3° École arabe-française de garçons.	8.720
4° Écoles des filles	21.800
5° École musulmane des filles.....	9.280
Total........	77.250

. . . .

La séance est levée à dix heures et demie et renvoyée à vendredi soir.

————

Séance du 31 mars 1871

Sont présents :

MM. Battandier, Maire, *président;* Poivre, Mercier (Stanislas), Truc, Joffre, Mercier (Théodore), Joly de Brésillon, Girard, Lavie, Claris et Leinen, conseillers;

MM. Mahmoud ben Bachtarzi et Allaoua ben Sassi;
MM. Mauri et Sider.

Sont absents :

MM. Villa, en voyage; Arnolet, malade; Kalfa Adda,
excusé; Brunache, Germon, Bourdais, Mohamed
ben Badis, Hamouda et Stora, sans motifs
connus.

SECTION V.

INSTRUCTION PUBLIQUE. — BEAUX-ARTS.

(Suite de la discussion.)

Art. 89. — *Dépenses des Salles d'asile*........ 2,250

Au nombre des crédits inscrits à la Section V des
budgets des exercices antérieurs, figurait une somme de
2,250 fr. pour l'entretien des salles d'asile. Cette somme
était ainsi répartie :

Deux sœurs à 600 fr..............	1,200
Une femme de peine.............	600
Matériel.....................	450
Total........	2,250

Les salles d'asile ayant été laissées en dehors du travail
de la Commission sur les écoles, le Maire invite le Conseil
à statuer sur le maintien ou la suppression du crédit de
2,250 fr. pour 1871.

M. Mercier (Stanislas) dit qu'il y a lieu de voter les fonds, quitte à examiner ultérieurement la question des salles d'asile, en ce qui concerne la direction des sœurs.

M. Truc dit que le Conseil, pour être conséquent avec ses derniers votes, doit appliquer à la salle d'asile la même mesure qu'aux écoles congréganistes, à la Crèche et aux sœurs du Bon-Secours.

M. Joly de Brésillon appuie l'idée de M. Truc, mais il croit, néanmoins, qu'en attendant que la question ait été examinée, il convient de voter le crédit.

Le crédit de 2,250 fr. est adopté.

Art. 91. — *Collége communal*............... 34,000

Le Maire demande l'inscription de ce crédit au budget de 1871, afin d'assurer en tout état de chose le fonctionnement du Collége communal, en attendant le résultat des démarches qui vont être faites par la Commission du Conseil, en vue d'arriver à la fusion de cet établissement avec le Collége arabe.

M. Lavie dit qu'il y a lieu de retrancher les 2,500 fr. de la classe primaire supprimée et dont le crédit figure au budget des écoles voté à la dernière séance.

M. Girard observe que c'est une augmentation de dépenses et non pas une économie qu'a voté le Conseil en supprimant la classe primaire du Collége, car cette classe était payante et couvrait les frais correspondants, tandis qu'à l'avenir les rétributions scolaires seront diminuées d'autant.

M. Leinen entend bien voter les fonds nécessaires à l'entretien du Collége, mais il ne voudrait les voter que jusqu'aux prochaines vacances, soit jusqu'au 1er octobre. Le Conseil ayant admis le principe de la fusion des deux Colléges doit manifester par le vote limité des crédits, son intention de la voir réaliser à bref délai.

M. Joly de Brésillon est pour le vote des crédits. Le Conseil doit laisser à la Commission qu'il a nommée le soin d'organiser la fusion.

M. Girard doute que la Commune puisse s'affranchir de l'engagement quinquennal qu'elle a renouvelé l'an dernier.

Le vote des crédits est mis aux voix.

A la majorité de dix voix contre cinq, le Conseil décide qu'il ne sera voté des fonds pour le Collége que jusqu'au mois d'octobre.

Le crédit de l'art. 91 est en conséquence réduit à 25,500 fr.

* * *

Art. 92. — *Subvention à l'école de Madame Sicard.*
Art. 93. — *Subvention pour loyer de l'école des Sœurs.*

En attendant l'application de la réforme des écoles votée par le Conseil, le Maire demande qu'elle est la situation qui doit être faite à Madame Sicard et aux sœurs de

la Doctrine chrétienne, relativement aux subventions de
1,500 fr. et de 4,000 fr. accordées précédemment sur les
articles 92 et 93 ; l'un pour l'école privée tenue par
Madame Sicard, l'autre pour le pensionnat des sœurs.

M. Mercier (Stanislas) dit que ces subventions doivent
disparaître du budget, mais on peut toutefois en accorder
le bénéfice aux titulaires jusqu'à l'époque de la réorganisation.

Le Maire propose de les payer jusqu'au 1er mai, en
réservant de décider plus tard si elles devront être conti-
nuées pendant une nouvelle période.

Adopté.

Écoles des filles musulmanes.

M. Mercier (Stanislas) demande à ce que le Conseil
décide par un vote que la part proportionnelle revenant
à la maîtresse et à la sous-maîtresse de cette école, à titre
de rétribution mensuelle basée sur le nombre des élèves,
soit désormais convertie en traitement fixe.

Le Maire répond que c'est chose convenue, puisque les
conclusions du rapport de la Commission ont été adoptées.

Séance du 19 avril 1871

Sont présents :

MM. BATTANDIER, Maire, *président* ; BRUNACHE et GER-
MON, adjoints ; POIVRE, MERCIER (Stanislas),
TRUC, JOFFRE, JOLY DE BRÉSILLON, GIRARD,
BOURDAIS, LAVIE et LEINEN, conseillers ;

M. MOHAMED BEN BABIS ;

M. KALFA ADDA ;

M. SIDER.

Sont absents :

MM. VILLA et BEN SASSI, en voyage ; ARNOLET, malade ;
CLARIS et BACHTARZI, excusés ; MERCIER (Théodore), HAMOUDA, STORA et MAURI, sans motifs
connus.

* * * * * * * * * * * * * * * * *

INSTRUCTION PUBLIQUE.

(Suite de la discussion)

M. Mercier (Stanislas), vice-président de la Commission
municipale de l'instruction publique, a la parole sur la
question des écoles et s'exprime ainsi :

La transformation de l'enseignement scolaire est certes
une des questions qui doivent le plus mériter la sollici-

tude du Conseil ; c'est pourquoi je viens aujourd'hui ré-
clamer son attention pour lui rendre compte des travaux
de la Commission. Elle n'est pas restée inactive depuis le
vote qui a approuvé son plan de réforme ; pour arriver à
l'application du nouveau système elle a pris un ensemble
de mesures que je vais énumérer :

1° La Commission a réuni tous les instituteurs et leur
a fait connaître l'ensemble et les détails du plan de
réforme scolaire adopté par la Municipalité. Elle les a
engagés à se constituer en Comité pour discuter et
résoudre les questions d'application et désigner l'un d'eux
pour les représenter auprès de la Commission et prendre
part à ses délibérations avec voix consultative. Ces diverses
mesures ont été prises séancé tenante ;

2° Le programme des études, le choix des livres, le
règlement et la discipline des écoles, le classement des
élèves ont ensuite réclamés son examen et sont arrêtés
aujourd'hui ;

3° Le classement des instituteurs a été fixé par la
Commission dans l'ordre suivant :

Classe primaire supérieure. . . . .   M. Bacqué.

3ᵉ Division. — 1ʳᵉ classe. . . . . . .   M. Paradis.
        — , 2ᵉ classe. . . . . . .   M. Beaumont.

2ᵉ Division. — 1ʳᵉ classe. . . . . . .   M. Weill.
        — 2ᵉ classe. . . . . . .   M. Ferté.
        — 3ᵉ classe. . . . . . .   M. Duffau.

1ʳᵉ Division. — 1ʳᵉ classe. . . . . . .   M. Uhry.
        — 2ᵉ classe. . . . . . .   M. Dussous.
        — 3ᵉ classe. . . . . . .   M. Sol.

1re division. — 4e classe....... (M. Reichert.
     —   5e classe...... (M. Blumm.

Élèves-maîtres, moniteurs géné- (1° M. Benjamen Attali.
raux.................... (2° M. Jacob Doukhen.

4° La Commission, présidée par le Maire, a visité les locaux destinés aux futures écoles et vu les aménagements à y faire. Ils sont peu importants et ne géneront pas l'installation qui se fera d'abord dans les classes existantes en attendant que les autres soient prêtes.

5° Dans une conférence qu'elle a eue avec M, l'Inspecteur primaire, la Commission a exposé le nouveau système scolaire proposé par la Commission et adopté par le Conseil. Ce fonctionnaire après quelques objections de détails, auxquelles la Commission a répondu victorieusement, a approuvé l'ensemble du projet.

6° Un point a un instant embarrassé la Commission. Existait-il un traité passé entre les frères et la Commune et liant celle-ci pour un temps déterminé ?

Nous avons fait des recherches minutieuses aux archives municipales, sans rien trouver qui pût confirmer nos craintes.

7° La Commission s'est ensuite préoccupée de la publicité à donner à la réforme afin d'y préparer l'opinion publique. La presse locale a fait une analyse rapide du projet en le faisant suivre de quelques considérations favorables. Le rapport de la Commission est sous presse, il sera suivi des délibérations du Conseil et envoyé aux principales communes de l'Algérie ainsi qu'à toutes les personnes qui s'intéressent à cette question et en comprennent la portée.

Ainsi donc tout est prêt pour la transformation des écoles et la Commission vous prie de déterminer le moment où elle devra se faire.

M. Sider demande si ce n'est pas le Recteur qui doit faire les nominations des instituteurs.

M. Joly de Brésillon répond que l'Algérie étant en ce moment assimilée à la France, la législation en vigueur dans la métropole lui est applicable. Les instituteurs communaux doivent donc être nommés par les Conseils municipaux sur une liste présentée par le Recteur. Quant au traité avec les frères, si son existence était confirmée, il en résulterait pour la Commune l'obligation de prévenir ces instituteurs six mois avant leur renvoi et de leur servir en outre une indemnité ; mais tout porte à croire que ce traité n'a jamais existé qu'en projet.

M. Truc dit que le Conseil n'a pas à se préoccuper du prétendu traité invoqué ; si les frères prétendent obtenir une indemnité ils feront valoir leurs droits.

Le Maire voit des difficultés à l'exécution immédiate de la réforme des écoles. Il faut bien accorder aux frères un certain délai pour se retirer ; il y a d'un autre côté des réparations et appropriations à faire aux écoles. Sous tous les rapports le Maire pense qu'il y aurait avantage à n'appliquer la nouvelle organisation qu'après les vacances prochaines.

M. Mercier (Stanislas) répond que les réparations peuvent se faire sans déranger en rien les classes qui resteraient momentanément et jusqu'à ce que ces réparations

soient terminées dans les anciens locaux. La Commission
est prête à opérer immédiatement. La seule difficulté qui
pourrait surgir ce serait la production d'un traité avec les
frères.

M. Germon dit qu'il faut agir le plus tôt possible, mais
de façon cependant à ce que tout puisse se faire sans inconvénients. Pour cela, il convient de s'en rapporter à la
Commission.

M. Poivre trouve que le Conseil a pris une excellente
mesure, il en désire l'application la plus prompte possible.

Le Conseil décide que le Maire et la Commission de
l'instruction publique seront laissés juges du jour de l'installation des nouvelles écoles, dans le délai le plus court
possible.

La séance est levée à 11 heures.

www.ingramcontent.com/pod-product-compliance
Lightning Source LLC
Chambersburg PA
CBHW070916280326
41934CB00008B/1743